Canan Tan, Ankara'da doğdu. Ankara Üniversitesi Eczacılık Fakültesi mezunu. *Yeni Asır* (İzmir) gazetesinde köşe yazarlığı yaptı. *Milliyet Pazar*'da güncel olayları esprili bir dille yorumlayan yazıları yayımlandı. *Mimoza* dergisinde *Çuvaldız*, *Kazete* adlı kadın gazetesinde "Kazete-Mazete" adlı köşelerde yazılar yazdı. Yazarın öykü, roman, mizah ve çocuk edebiyatı çerçevesinde çok sayıda kitabı ve senaryo çalışmaları vardır.

Yapıtları

Roman: *Piraye, Eroinle Dans, Yüreğim Seni Çok Sevdi, En Son Yürekler Ölür, İz, Issız Erkekler Korosu, Hasret, Pembe ve Yusuf, Kelepçe, Başıbozuk Sevdalar*

Öykü: *Çikolata Kaplı Hüzünler, Söylenmemiş Şarkılar, Aşkın Sanal Halleri*

Mizah Öyküleri: *İster Mor İster Mavi, Sol Ayağımın Başparmağı, Türkiye Benimle Gurur Duyuyor, Oğlum Nasıl Fenerbahçeli Oldu, Fanatik Galatasaraylı, Beşiktaş'ım Sen Çok Yaşa, Ah Benim Karım Ah Benim Kocam*

Gençlik Romanı: *Yolum Düştü Amerika'ya*

Çocuk Romanları: *Sokaklardan Bir Ali, Beyaz Evin Gizemi, Sevgi Dolu Bir Yürek, Ah Şu Uzaylılar, Uzay Kampı Maceraları, Uzaylılar Aramızda*

Çocuk Öyküleri: *Sevgi Yolu, Arkadaşım Pasta Panda, Sokakların Prensesi Şima, Aliş ile Maviş* dizisi

Ödülleri

Hürriyet (Kelebek) gazetesinin Senaryo Yarışması'nda Birincilik Ödülü / 1979 (*Oğlum* adlı eser, fotoroman olarak çekildi.); 1. Ulusal Nasrettin Hoca Gülmece Yarışması'nda 1. Mansiyon / 1988; Aziz Nesin Gülmece Öykü Yarışması'nda basılmaya değer görülen *İster Mor, İster Mavi* adlı kitabıyla, Türkiye'de mizah öyküleri kitabı olan ilk ve tek kadın yazar unvanı / 1996; BU Yayınevi Çocuk Öyküleri Ödülü, *Sevgi Yolu* / 1997; Rıfat Ilgaz Gülmece Öykü Yarışması'nda Birincilik Ödülü, *Sol Ayağımın Başparmağı* / 1997; İzmir Büyükşehir Belediyesi Çocuk Romanları Ödülü, *Sokaklardan Bir Ali* / 1997; 10. Orhon Murat Arıburnu Ödülleri'nde *Akrep* adlı öyküsüyle, Uzun Metrajlı Film Öyküsü dalında Birincilik Ödülü / 1999; Türk Kütüphaneciler Derneği'nden, Türkiye'deki bütün kütüphaneler bazında, En Çok Okunan Yazar Ödülü / 2010; *Piraye* romanıyla, İstanbul Kültür Üniversitesi'nden Yılın Kitabı Ödülü / 2012; Samsun 19 Mayıs Üniversitesi'nden En İyi Yazar Ödülü / 2013; İstanbul Yıldız Teknik Üniversitesi'nden Yılın En Beğenilen Yazarı Ödülü / 2014; İstanbul Kültür Üniversitesi'nden Yılın En Beğenilen Yazarı Ödülü/ 2017.

Şiirce

DOĞAN KİTAP TARAFINDAN YAYIMLANAN DİĞER KİTAPLARI

İster Mor, İster Mavi
Sol Ayağımın Başparmağı
Çikolata Kaplı Hüzünler
Piraye
Söylenmemiş Şarkılar
Yüreğim Seni Çok Sevdi
En Son Yürekler Ölür
Eroinle Dans
Aşkın Sanal Halleri
Issız Erkekler Korosu
İz
Hasret
Pembe ve Yusuf
Ah Benim Karım Ah Benim Kocam
Kelepçe
Türkiye Benimle Gurur Duyuyor!
Başıbozuk Sevdalar

ŞİİRCE

Yazan: Canan Tan
Editör: Neclâ Feroğlu

1. baskı / Ekim 2017 / ISBN 978-605-09-4653-6

Sertifika no: 11940

Kapak tasarımı: Dilara Şebnem Esendemir
Baskı: Yıkılmazlar Basın Yayın Prom. ve Kâğıt San. Tic. Ltd. Şti.
Evren Mah. Gülbahar Cad. No: 62 / C Güneşli - Bağcılar - İSTANBUL
Tel: (212) 515 49 47
Sertifika no: 11965

Doğan Egmont Yayıncılık ve Yapımcılık Tic. A.Ş.
19 Mayıs Cad. Golden Plaza No. 1 Kat 10, 34360 Şişli - İSTANBUL
Tel. (212) 373 77 00 / Faks (212) 355 83 16
www.dogankitap.com.tr / editor@dogankitap.com.tr / satis@dogankitap.com.tr

Şiirce

Canan Tan

DOĞAN KİTAP

İçindekiler

Sunuş

Merhaba dostlar!

Nasıl bir cesaret geldiyse üzerime, sonunda, yıllar boyu naçizane yazmış olduğum şiirlerimi sizlerle buluşturmaya karar verdim. Bana kalsa kâğıtların, defterlerin arasında kalacaktı hepsi. Ama siz istediniz!

Yüreğim seni çok sevdi/ O yürek talan/ O yürek yangın yeri/ O yürek seni istiyor/ Bir tek seni ile başlayıp tüm kitaplarıma sızan benzer dizeleri sosyal medyada paylaşmanız, "Canan Tan Sözleri" başlıklı siteler açmanız, itici güç oldu benim için.

Bana göre *şiir* heyecandır, sevinçtir, gözyaşıdır, isyandır; insana dair tüm duyguları fütursuzca haykırandır. Okuyan ile yazan arasındaki en kısa mesafedir. Söz ile musiki arası, sözcüklerin dansı; kimi zaman gözyaşı, kimi zaman kahkaha, kimi zaman asice bir başkaldırıdır. Kavgadır, savaştır, barıştır. Beynin ve yüreğin ortak sesidir.

Edebiyatın başına buyruk, asi çocuğudur şiir. Özgürlüktür! Ve benim can suyumdur...

Şiirle ve dizelerle olan dostluğum çok küçük yaşlarda başlamıştı. Okul yıllarında ünlü şairlerimizin şiirlerini yutarcasına okuyor, ufak tefek bir şeyler karalıyordum kendimce. Lise son sınıfta *Hisar* Dergisi ve Hisarcılar akımının kurucuları Mehmet Çınarlı, İlhan Geçer, Mustafa Necati Karaer ve M. Sami Aşar'ın jüri üyesi olduğu bir yarışmada *Maskeli Balo* adlı şiirimle birincilik kupası aldım. Ama kendimi "şair" olarak tanımlama cüretini bulamadım. *Maskeli Balo*, Edebiyat öğretmenimin de söylediği gibi, felsefi yönü ağır basan, farklı bir şiirdi. Şiirin mükemmeliyetinden değil, benim teatral sunumumdan dolayı ipi göğüslediğim kanısındaydım. Ne herhangi bir dergide basıldı o şiir, ne de ben topluluk önünde okuma cesaretini bulabildim. (Ama bu kitapta okuyabileceksiniz onu.)

Ve ben, değerli şairlerimizin emsalsiz dizeleri arasında gezinirken, sizleri benim şiirlerimi okumaya mecbur kılmak istemedim.

Oysa şiir vazgeçilmezdi benim için. Roman ve öykülerimin içine serpiştirdiğim dizelerin, bölüm başlıklarında yer alan alınlıkların çoğu bana aitti. Ve onları bir çatı altında toplamanın zamanı gelmişti galiba...

Elinizdeki kitabın ilk bölümünde, az çok tanıdığınız türde şiirler yer alıyor. "Şiirce Mizah/Haşlamalar-Taşlamalar" başlığı altındaki ikinci bölümde ise mizah yönü ağır basan şiirler var.

Samimiyetle vurgulamalıyım ki, büyük iddialarla yola çıkmış değilim. Amacım yalnız, *şiirce* bir sohbeti sizlerle paylaşabilmek.

Eti sizin, kemiği benim. Keyifli okumalar dileğiyle...

Canan Tan

Bir şeyler yazmam gerek

Bir şeyler yazmam gerek
İster mektup, ister şiir
Güzel olsun-olmasın
İsterse okunmasın

Bir şeyler yazmam gerek
Benden izler taşıyan
Beni bana anlatan
Tekrar okuduğumda anılarda yaşatan

Bir şeyler yazmam gerek
Sevgimi, nefretimi, hırsımı özlemimi
Kâğıda dökmeliyim
İçim ferahlamalı
Yüreğimde ne varsa satırlara akmalı

Bir şeyler yazmam gerek
Hele baş başa, ikimizsek
En candan dostum sensin
Sen benim kalemimsin!
Elimde, emrimdesin
Beynimle buluşmuşsun
Kalbimle dost olmuşsun
Seni susturmak yazık

Bir şeyler yazmam gerek
Kendime, kalemime
Bu saygım var oldukça
Yazmayı ertelemek
En büyük günah demek...

Gel de yazma

Kumlara uzanmışsın
Sere serpe yatmışsın
Bambaşka bir dünyadasın
Bu keyifle mest olmuşken
Gel de yazma...

Çilingir sofrasında
Masan denize karşı
Kendini unutmuşsun
Nar gibi balıklarla
Rokanın karşısında
Buğulu, buzlu rakın
Tam zevkle yudumlarken
Gel de yazma...

Bir çift yeşil göz için
Hayaller kuruyorsun
Sıcak bir gülüş için
Canını koyuyorsun
Bir bakışa razıyken
Aşka kavuşuyorsun
Ummadığın bir anda
Sevdanı paylaşırken
Gel de yazma...

Her zaman bal damlamaz
Bu kalemin ucundan
Bazen de kahrolursun
En sevinçli anında
Mutluluk bulutundan
Yere çakıldığında
Gel de yazma...

Kucağını açmışsın
Çevrendeki dostlara
Düşmemek için dikkat
Kayılan kuyulara
İnanmak istemezsin
Asla duyduklarına
Uzattığın ellerin
Boşlukta kaldığında
Gel de yazma...

Umutlar bağlamışsın
Verdiğin emeklere
Bir bakarsın kurumuş
Filiz vereceğine
Yeşerteceğim diye
Göbeği gerdiğinde
Gel de yazma...

Eşin, dostun, sırdaşın
Her biri can yoldaşın
En gerekli zamanda
Geriye baktığında
Gördüğün kendi başın
Zorlukların içinde
Yapayalnız kalmışsın
Hırsından deli olup
Küfür yağdırdığında
Gel de yazma...

Eğer paralı isen
Biraz da cömert olsan
Değerin bilinecek
Dizi dizi insanlar
Önünde eğilecek
Hele biraz değişse
Bu durum aleyhine
Dünyanın üzerinden
Esamin silinecek
İçindeki o nefret
Sana dost görünecek
Sevgilerini silip
İsyanla taştığında
Gel de yazma...

Kaleminde mürekkep
Kâh sevgidir, kâh nefret
Pembesi siyahıyla
Beyazı karasıyla
Mutluluk boyasıyla
Yazıyorsun, dua et.

Üzülüp sevinerek
Mutlanıp kahrolarak
Gülerek, ağlayarak
Umarak, ummayarak
Sevip sevilerek
Övülüp yerilerek
Söyleşip küfrederek
Kendince yaşıyorsun
Şu evrenin yükünü
Omzunda taşıyorsun.

Tüm ruhun doludizgin
Duygu seli gibisin
Benliğinden sözcükler
Dolup dolup taşarken
Kendiliğinden coşup
Satırlara koşarken
Gel de yazma...

Can dost

İnsanoğlu sen bir cansın
Varlığınla tensin, kansın
Ruhun varsa bir insansın
Ben o ruha geliyorum

Etin atsam kemik kalır
Yâr dövünür, toprak alır
Bir can ki Hak'ka yalvarır
Ben o cana geliyorum

Güzel olsan neye yarar?
Yaranı tek anan sarar
Dost olursan bir nur yanar
Ben o nura geliyorum

Ne parandır, ne pulundur
Ne varındır, ne çulundur
Yalnız senin dostluğundur
Sığınmaya geliyorum

Karun olsan hiç aldırmam
Vezir olsan dönüp bakmam
Ünlü olsan adın anmam
Hoş sözüne geliyorum

Bilge olsan bir şey sormam
Güller sunsan bir tek almam
Sofra kursan gelip konmam
Derdin varsa geliyorum

Gözüm yüksek yerde değil
Gönlüm servet, pulda değil
Bir sevgi sun, dilde değil
Dost olmaya geliyorum

Güzellikler sende, bende
Gül kokusu fakir tende
Can kalırsa bu bedende
Can olmaya geliyorum

Canan'ım ben, tanı beni
Aşkın ile koru beni
Senden mahrum koma beni
Sen olmaya geliyorum...

Maskeli balo[1]

Maskeli balodayız hepimiz
Gülüyoruz
Daha doğrusu gülmeye çabalıyoruz
Dostça sarılıyoruz birbirimize
Sımsıkı, içten
Ama sakın aldanmayın bu görünüşe
Yalnızca kendimizi oyalıyoruz
Biliyorsunuz, maskeli balo burası
Yüzümüzde kalın maskeler
Ne kadar da sevimliyiz hepimiz
El ele, biriz, beraberiz
Kendimizce mutluyuz biz

Ara sıra bir rüzgâr esiyor
Siz de farkındasınız ya
Maskeleri dalgalandıran ılık bir rüzgâr
Aralanan maskelerin altından korkunç yüzler çıkıyor
Nerede az önceki dostlarım?
Daha demin candan kucaklaştıklarım?
Hiçbir şey kalmamış burada
Korkunç ve acı gerçeklerden başka
Hakikat kara, kapkara
Hakikat dehşet dolu
Uzun, upuzun bir yol hakikat
Umutsuzlukların yolu

1. Ankara Kız Lisesi son sınıftayken katıldığım şiir yarışmasında, Hisar Grubu'nun değerli şairlerinin oylarıyla birinci seçilen şiirim. Benim için çok, ama çok değerli!

Sonunda kesildi şu uğursuz rüzgâr
Maskelerimiz gene yerli yerinde
O korkunç yüzleri görmek istemiyorum bir daha
Ya rüzgâr tekrar eserse?
Ama bu sefer hazırlıklı olalım
Daha sıkı takalım maskelerimizi
Ne dersiniz?
Anlıyorum, bu kez de nefes alamıyorsunuz
Bu oyunun devamı sıkıyor sizleri
Hepimiz bıktık zannederim
Öyleyse çıkaralım maskelerimizi
Gerçek yüzlerimizle görelim birbirimizi
İster acı, ister tatlı, alışır her şeye insan
Mutlu günlere kanatlı ayrılır maskeli balodan...

Hüzün çiçekleri

Hüzün satıyorum bu saatlerde
Boynu bükük
Ürkek...
Hüzün çiçekleri

Van Gogh sarısı
Üzerinde buğulu çiğ damlaları
Kokuları buruk
Özlem yüklü
Demet demet...

KIRK PARA...
Kimse almıyor!

Üstüne tüm duygularımı koyuyorum
Kırık dökük...
ON PARA!

Biraz da sevgi
Sıcak, sımsıcak...
BEŞ PARA etmiyorlar!

Çaresiz
Hepsini bedavaya kapatıyorum
Ve hüzünlerimi içime atıyorum...

Uyku

Derin bir uykunun içinde unuttular beni
Ejderhanın karnında
Doğmayı bekleyen bir bebek gibi
Aşk orucuna girmiş yüreğim
Bütün kapılarını kapatmış
Ölümü bekliyor...

Sen

Gecenin kuytu karanlığında
Bir tek SEN'sin

Kan misali ıslak ve sıcak
Katran siyahı, yapış yapış
Buğulu bir gecedesin

Boğulurcasına
Soluk soluğa
Ne bir düş, ne bir düşünce
Sessizlik alabildiğince...

Gecenin kuytu karanlığında
Bir tek SEN'sin
Büyümüş, ağırlaşmış bir beyin
Elsiz ayaksız bir gövde
Dağılmış, parçalanmış bir BEN'sin

Güçsüz, cansız, duygusuz
Yosun gibi, ot gibi
Ruhsuz bir bedendesin.

Gecenin kuytu karanlığında
Bir tek SEN'sin.

Nedense

Bugünlerde hep sen geliyorsun aklıma
Nedense...
Gözbebeklerime takılı kalmış gözlerin
Damarlarımda dolanıyorsun fütursuzca
SEN'i BEN'den söküp atamıyorum bir türlü
Söküp atmak istediğimden de emin değilim zaten
SEN ve BEN...
BİZ olamasak da artık
Bugünlerde hep sen geliyorsun aklıma
Nedense...

Tutsaklığım

Tutsak ettiniz beni
Siz, onlar, hepiniz

Boşluğa atılan adımlar
Karanlığın ortasında umarsız çırpınışlar
Bir ışık, bir umut
Nafile arayışlar

Bırakın düşüncelerimi
Anlatayım
Bırakın duygularımı
Haykırayım
Bırakın gözyaşlarımı
Ağlayayım
Bırakın coşkularımı
Dışa vurayım

Zincir zincir bağlanmış umutlarım
Kıpırdamak ne mümkün!
Sımsıkı tutsaklığım
Gözbebeklerimde çığlaşan ürkeklik
İzliyor beni adım adım

Bırakın gecelerimi
Uyuyayım
Bırakın günlerimi
Yaşayayım
Bırakın ilhamımı
Yazayım

Bırakın beni
Ben, BEN olayım

Günahlarım

Ceplerime doldurdum günahlarımı
Bölüne bölüne çoğaldılar
Dört bir yanım
Gün ve ***ah*** oldu...

Kadın

Hayat sahnesinde
Perde perde
Ne roller aldın
Mutlu kadın
Güzel kadın
Neşeli kadın
Güldün
Sevdalandın
Ağladın
Senaristin yazdığı
Bin bir rolde yaşadın
Hay zavallı, hay
Farkında olmadan sen
Hep MUTSUZ'u oynadın

Seviyorum seni eylül (eylül güzellemesi)

İnce, narin, sevecen
Sıcak, ürkek halinle
Buğulu gözlerin
Dağılmış saçlarınla
Öylesine güzelsin ki

Ne ölesiye tutkulu
Ne erişilmez umutlarla dolu
Kimi gün sessiz sakin
Kimi gün alabildiğine duygulu
Seviyorum seni EYLÜL
Her seferinde daha coşkulu

Bambaşka bir tat var sende
Bazen burukluk, bazen neşe buluyorum
O ince ve naif hüznünde
Seviyorum seni EYLÜL
Bana acı versen de.

Yorgun gönüllere sunduğun
Çılgın hayaller değil
Belki biraz teselli, sıcacık bir dost eli
Seviyorum seni EYLÜL
Yüreğim duygu seli

Güneşinde sevinç var
Gecende bazen hüzün
Benim için sevgiyle, ümitle örülüsün
Biliyorum sen hâlâ müjdelerle yüklüsün
Sen benim doğduğum ay,
Sevdiğim ay EYLÜL'sün...

Hazan ve hüzün

Hazana hüzün yaraşır
Hüzüne sarı
Sarı deyince
İlle de
Van Gogh tabloları...
Çünkü onlar
Hazanın
Hüznün
Sarının
Dans eden gözyaşları...

Ayrılık

Sabırla sarmaladım suskun bekleyişlerimi
Kafa tuttum sensiz kahroluşlara
Başardım sonunda
Alıştım yokluğunun sancısına
Kanıksadım hasretini
Ne sensizlik umurumda şimdi
Ne de o canımdan can alan amansız ayrılık
İnanmayacaksın ama...
Gelmesen de olur artık!

Utanç

İkiyüzlü sevdaların
Yüzsüz sevdalıları!
Yasta bıraktınız gerçek sevgileri
Utandırdınız
Sessizce haykırdılar utançlarını
Sizin yerinize
Yüzleri kızararak...

Sensiz

Gözlerinde erimek
Sevmekse eğer
Sevmiştim galiba

Ben olmaktan vazgeçip
Sen olmak
Sevdalanmaksa eğer
Sevdalanmıştım da hatta...

Acı çekmek raconuydu aşkların
Payıma düşeni üstlendim ben
Senden uzakta
Senden habersiz
Sensiz...

Aşk ve cinayet

Cinayet mahallinde değildim hâkim bey
AŞK ve CİNAYET...
Aynı ortamda bulunabilir mi hiç?
Rica ediyorum sizden
Adımı kullanmasınlar, lütfen
Dediğim gibi, orada değildim
Çünkü...
Çok daha önce öldürmüşlerdi beni...

Dilsiz

Ağır ağır dilsizleştirmişler beni
Pervasız yalnızlıklar sızmış yalnızlıklarıma
Soykırıma uğramış yüreğim
Kuşlar bile geçmiyor gökyüzümden

Aş gerekmez bana, ekmekle su yeter
Ama susmak yasak, konuş benimle!
Sözle olmasa bile
Bir şeyler anlat gözlerinle...

Geceler

Canı yanmış
Sensiz gecelere sordum uykularımı
"Firar etti" dediler
Kulaklarından tutup geri getirmeyi denedim
Başaramadım...
Canı yanmış o gecelerde
Ben de yandım

Sen ve ben

> Eskimek ne güzel eksilmedikçe...
>
> Nâzım Hikmet

İki bakışın arasındaki sendin
Bakışların uzağındaki ise ben
Hiç mi hiç eskimedin sen
Beni olabildiğince eskitirken...

Gözler[2]

Kandillerin ışığı
Siyaha yürüdüğünde
Gözlerini bırak bana
Işığım olsunlar...

Bütün günahlarımdan
Arındım o gözlerde
O gözlerde en masum
Günahları tattım...

2. *Hasret* adlı romanımdan.

Düşümler

Senin sevgin gerçek değil
Gerçeğin izdüşümü
İzdüşümü gerçek değil
Gerçeğin azdüşümü...

Git

Başımı göğsüne dayayıp
Ağlamamı bekleme benden
O baş çoktan ayrıldı gövdesinden
Ruhun bedenden ayrılması gibi
Sessizce, ama onurlu

Gitme kal, diyemem
Git...
Bu baş bunu da atlatır
Ama...
Yürek için söz veremem!

Babama

Eski gülüşlerimi arıyorum
En saf, en temiz, en tasasız
Çocuk gülüşlerimi
Göğe uzanan ulu bir masal ağacının
Tomurcuklarında asılı kalmışlar
Erişemiyorum

Yaşanmış düşlerimde yitirdiğim masum gülüşlerimi
Bir tek "O" indirebilir aşağıya
Bir tek o güldürebilir yüzümü yeniden
O! Babam...

Ama yok!
Ölmüş!
Öyle diyorlar
İnanamıyorum...

Ellerim

Minicik çocuk ellerimi avucunun içine hapsettiğinde
Yüreğim yüreğinde eriyordu babacığım
Parmaklarım büyüdü diye mi
Tutmuyorsun artık ellerimi?

Keşke hep küçük kalsalardı...

Ne oldu da ayrıldı ellerimiz baba?
Hiçbir zaman soramadım bunu sana
Sormak istediğimde fırsat olmadı
Fırsat olduğunda cesaretim...

Düş[3]

İçimdesin, beynimdesin
Yüreğimde, gönlümdesin
Benimle olsaydın, diyorum

Canımdasın, kanımdasın
Hayalimde, düşümdesin
Yanımda olsaydın, diyorum

El eleyiz, göz gözeyiz
Diz dizeyiz, düşlerdeyiz
Gerçekte olsaydık, diyorum

3. Kızım okyanusötesi bir yerlere gittiğinde yazılmış özlem yüklü dizeler.

Anne

Kâinat üzerinde bin bir çeşit tat varmış
Mutlu bir yaşam için
Servet, para, aşk şartmış
Bunların her birisi
Ömre ömür katarmış
Sevgiyle yaşanırsa
Keyfi keyfle tartarmış

Eğer bana sorarsan,

Sevgiyi koy kenara,
Diğerleri masalmış
Dünyada en güzel tat
Senin sevgini tatmak,
Senin ANNEN olmakmış...

Bebek

Karnımda bebek
Kucağımda bebek
El bebek
Gül bebek

Büyüttüğünü sanma
Bendeki o bebeği
Hâlâ bedenimdesin
Gözümün gözbebeği...

Özlem

Hani çok uzak değildi
Gittiğin eller
Hani bir telin ucundan ses verecektin
Hani özlemin devleşince
Geliverecektin

Kuş uçuşu kaç saat?
Hangi dağın ardında?
Hangi yolun sonunda?
Bir küçük ışık var mı
Kavuşma umudunda?

Anladım, gelmiyorsun!
Bari bir şeyler söyle
Üç ay de, beş ay de...
Yüreğin elverirse
Daha bile ötesi...

Demek özlemek buymuş:
Hep "gelir" beklentisi
Böyle bekleniyormuş
Sevilenin dönmesi...

Oğul'uma[4]

Pamuklar arasında saklayıp beklediğim
Gülün yapraklarıyla süsleyip bezediğim
Yavrum kocaman olmuş, "Ben gidiyorum" diyor
Bir ben'i benden alıp benliğimden yitiyor

Canım, kanım, her şeyim; benim küçük bebeğim
Büyümüş, adam olmuş; benden kopmuş, gidiyor
Kıvançlı ve gururlu, hem mutlu, hem umutlu
Bir yüreği ardında bırakarak gidiyor

Verdiğim değerleri taşıyorsa onurla
Doğruluk ve dürüstlük hep yanında olursa
Sevgimi taşıyorsa, insanca yaşıyorsa
Hasret pek koymaz bana, dualarım onunla

4. Oğlum için yazdığım tek şiir. Lise diplomasını aldığı gece, kalemimden dökülen dizeler.

Yolları açık olsun, gönlü hep sevgi dolsun
Başarı arkadaşı, mutluluk yoldaş olsun
Bir gün dönüp bakarsa, beni burda bulacak
Sarılıp kucaklarsa, dünya benim olacak

Gözbebeğim, canım o!
Varlığım o, kanım o
Uzakta bile olsa
Bana benden yakın o...

Sevdim, çok seveceğim
Onunla güleceğim
Yaşamak onunla var
Onunla öleceğim...

İzmir güzellemesi[5]

Sen gönlümün sultanısın
En güzel aşk destanısın
Âşıkların cananısın
İzmir seni seviyorum

Beyaz inci gerdanınla
Yedi veren toprağınla
O sımsıcak insanınla
İzmir seni seviyorum

Işıl ışıl, şuhsun, şensin
Güzellerden en güzelsin
Gönlüm senle neşelensin
İzmir seni seviyorum

Kucak kucak ilhamlarla
Şiir dolu şarkılarla
Yaşattığın sevdalarla
İzmir seni seviyorum

5. Şarkı sözü.

Şiirce Mizah

Haşlamalar - Taşlamalar

İnsan var, bir kum yeter taşlamaya
İnsan var, sular yetmez haşlamaya
Kimileri bir damla gözyaşıyla haşlanır
Kimileri deve yükü taşla ancak taşlanır

Şiirce mizaha girizgâh

Toplum olarak, *kadın* ve *mizah* sözcüklerini aynı cümlede kullanmayız pek.

"Kadın mizah yapamaz!" görüşü ağır basar çünkü.

Bu görüşü savunanlar iki gruba ayrılıyor:

Birinci gruptakiler, "Kadın pek çok şeyi yapamaz!" diyen, özellikle mizah gibi kıvrak zekâyla ilgili bir işi kadınlara uygun görmeyen, "Aklı yetmez ki, espri üretsin!" diye düşünen insancıklar...

Basılan ilk kitabı mizah öyküleri olan (*İster Mor İster Mavi/* Aziz Nesin Mizah Öyküleri Ödülü, 1996), hemen ertesi yıl Rıfat Ilgaz Gülmece Ödülü birinciliğini kazanarak *(Sol Ayağımın Başparmağı, 1997)* okurlarıyla buluşan bir yazar olarak, hiç üstüme almıyorum.

İkinci grupta ise, "Kadın mizah yapamaz. Çünkü duygusal ve incedir. Kimseyi kırmak, incitmek istemez" diyenler var. Sanki erkekler, kırıcı olamaya şartlandıktan sonra mizah yapıyormuş gibi...

Bizim sözümüz, ikinci gruptaki bu dostlara(!)...

Onlara buradan, bir "haşlama-taşlama" armağan ederek başlıyoruz işe...

Düstur

Yaşarken ölünesi
Çarpık düzen dünyada
Ağlarken gülünesi
O kadar çok şey var ki...

Kahkahalar beyninden
Ağıtlar yüreğinden
Kopup gelirse eğer
Hayatın anasını
Satman dünyaya bedel...

Kadın mizah yapamaz (!)

Kadın cinsi duygusal
Biraz naif olurmuş
Espriden, mizahtan
Ondan uzak dururmuş

İncitmezmiş, kırmazmış
Üzmezmiş, acıtmazmış
Taşlamaya, mizaha
Asla kafa yormazmış

Ne zaman öğrenecek
İnsanlar bu gerçeği?
Ne zaman bir sayacak
Kadın ile erkeği?

Zeki olmak erkeğin
İnhisarında mıdır?
Duygusal olan insan
İlle de kadın mıdır?

Erkek-dişi fark etmez
Zekânın evriminde
Kullanmasını bilmek
Marifettir yerinde

Mizah incitmek için
Kırmak için yapılmaz
Hoşgörüyle bakmayan
Zaten tadına varmaz

Anlamak bazen zordur
Mizah zihin işidir!
Verilen inceliği
Alan, zeki kişidir

Sana gelince dostum,
Vallahi acıyorum!
Bu devirde düşünce
Tarzına şaşıyorum

Kusura bakma ama
Bir şeyler diyeceğim
Sonra seni zihnimden
Tamamen sileceğim

Tüm duygum ve düşüncem
Paralel sesleniyor
Böyle ayrımcılığa
Böyle isyan ediyor:

Kafanın içindeki
Beyindir sanıyorsun
Oysa boş bir kutuyla
Uzanmış yatıyorsun

Keşke koyun beyninin
Yarısı sende olsa
Böyle sakat fikirler
Durduğu yerde solsa

Biraz ileri gittim!
İncittim, biliyorum
Bütün koyun cinsinden
Özürler diliyorum...

Pardon!

Sana ADAM demişim
Adam ol istemişim
Ama sözle olmuyor
Galiba benzetmişim...

Letâfet hanım

Letâfet, "Kavşakta otursam kimse almaz beni, beş para etmem! Üstüne para verip geri verirler" diyecek kadar kendinden vazgeçmiş, son derece karamsar bir kadın. Ama bugün çok mutlu! Neden acaba?

Askılı elbisesi kırmızı
Yandan yırtık terliği yeşil
Bulaşık eldiveni sarı
Güneşten yanmış teni bronz
Rengârenk bugün Letâfet!

Kanı tere katarak
Çalışıyor Letâfet
Bir gayret ki, ne gayret...
Gel dostum, sen de seyret

Ağzında sakızıyla (pabuç kadar, kocaman)
Dilinde şarkısıyla (en sevdiği)
O garip coşkusuyla (hiç mi hiç yaşamadığı)
Ne yapıyor dersiniz?

Tüy gibi hissediyor yıpranmış bedenini
Siliyor, parlatıyor, tekrar tekrar ovuyor
Aslına bakarsanız birazcık kilo almış
Aldırmaz görünüyor, oluruna bırakmış

Yerçekimine razı
Bıldır bıldır her yanı
Eh, menopoz çağları
Olacak o kadarı

Açıklayalım artık:
Okşayıp parlattığı, onun son oyuncağı
Nedenine gelince: (Söylemesi zor ama)
Eşinin kaçamağı!

Varsın olsun, ne çıkar?
Üçüncü el de olsa, şahsının arabası
Ondan çok özeniyor
Ondan bunca çabası

Ellerin dert görmesin Letâfet Hanımcığım!
Ben de böyle bir tane hanıma alacağım
Takma kafanı artık olumsuz fikirlere
Biraz daha su gerek kirli tekerleklere

İşte araban hazır
Pırıl pırıl her yanı
Kutlu olsun sana bu
Elli yaş armağanı...

Hırsıza rica

Cüzdanımı çalmışlar Yüreğimi çalmışlar
Otobüs durağında
Hiç farkında değilim
Gözlerini boşaltıp
Bir kenara atmışlar
Paralarım Duygularım
Kredi kartlarım Sevinçlerim
Ehliyetim Acılarım
Kimliğim... Benliğim...
Hırsıza bir ricam var:
Paralar sende kalsın Yaşanan sende kalsın
Abonmanlar, biletler... Acı tatlı anılar...
Kredi kartlarımla Yalın duygularımla
Kimliğimi Benliğimi
Geri ver.

Erkek çocuk- kız çocuk[6]

– Ayağını denk al hanım!

Erkek çocuk doğurursan altın lira takılacak
Kız çocuğun olur ise, eve "kuma" katılacak
Erkek ile övünülür, kız çocukla dövünülür
Erkek doğurana döşek, kız doğuranaysa kötek...

– Olur mu a güzel kocam!
Kaynanam kız doğurmasaydı
Seni kim doğuracaktı?
Sanki çocuk yalnız benim!
Çeyiz sandığımda getirmişim

Kız çocuğum oldu diye
Beni sen paralıyorsun
Gel bi yol düşün bu işi
Verdiğini alıyorsun!

6. Altıncı çocuğu kız olunca, karısını hastanede rehin bırakan kocaya ithaf olunur!

Aşk

Sen çocuk, o çocuk
Senin dilinde agucuk
Onunkinde gugucuk
Cep delik, cepken delik
Ekmek evden, su marketten
İçtiğiniz cacık, giydiğiniz gocuk
Böyle aşk mı olur?
Söylesene a çocuk...

Pembe beyaz

Onsuz yaşayamam deme!
Yaşarsın
Yaşarsın da...
Ot gibi, yosun gibi
Soluk alıp verme kıvamında
Boş ver...
Neden kara kara düşünüyorsun?
Pembe düşün, beyaz düşün
Yalnız düşlerin değil
Dertlerin de renkli olsun...

Yırtık

Bre haddini bilmez küstah yaratık
Ağzından çıkana hâkim ol artık
Sesini yükseltme, fazla bağırma
Yoksa büyüyecek kıçında yırtık

Başlar ve ayaklar

İnsanoğlu dur, düşün
Değersizi şımartma
Altından top olsa da
Sakın kula kul olma

Bakarsın baş olmuşlar
Gövdenin ayakları
Hükmetmeye kalkmışlar
Ezerek tüm başları

Çevresinde toplandıkça
Biz biçare kulları
Kendini Tanrı sanmış
Bazı put artıkları...

İki ayaklı hayvanlar

Bunların dört ayaklıdan
Sanki ne farkları var?

Bağıra çağıra
Silkine, kükreye
Zayıfı ezerek
Güçlüye sinerek
Ağzı köpürerek
İki ayak üstüne kalkmışlar
Ve kendilerini
İnsan sanmışlar...

Ayaklar ölçü değil
Değer hükümlerinde!

Dört ayaklı hayvanlar
İnsanlık erdeminde
Çift ayaklı hayvanlar
İnsan görünümünde...

Hayvan gözüyle

Küçücük beynimizde
Şer hesabı yapmayız.
Acı kuvvetimizi
Savaşlara satmayız.
Çıkarlarımız için
Bin bir takla atmayız...

Biz daha onurluyuz,
Biz daha gururluyuz,
Tertemiz dünyamızda
Biz daha çok mutluyuz...

İnsanlık "erdem" ise
İnsandan çok insanız!
Yanlış anlaşılmasın,
"İnsanlık" orda kalsın!
Asla istemiyoruz...
Hatta şükrediyoruz:
Bizler birer hayvanız!...

DK'da yayımlanmış kitapları

İster Mor, İster Mavi

Canan Tan, Aziz Nesin ekolünün, sayıları günümüzde gitgide azalan temsilcilerinden.
Öyküleri, geleneksel mizahımızdan izler taşıyor. Ancak konuları güncel...
Espriler düzeyli.
Gıdıklamadan, düşündürerek güldürmeyi hedefliyor.
Öykülerin hepsi yaşamın içinden.

Sol Ayağımın Baş Parmağı

Dolap kapağının düştüğü, davula dönmüş sol ayağının başparmağına ağıt yakanlar... Nazlı karısına kıyamayıp çocuk doğurmayı üstlenen hamile kocalar... Düldülü kaptırıp peşinden yollara düşenler... Apandisit salgını yaşadıklarını sanan gariban ilçe halkı... Piranha yırtıcılığında böbrek taşları... Birbirinden keyifli espri bombaları! Elinizden bırakamayacaksınız

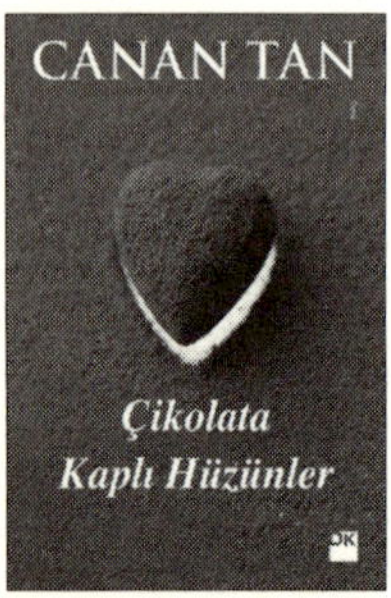

Çikolata Kaplı Hüzünler

"Kararını değiştirdi KADIN, bu gece pantolon giymeyecek.
Omuzlarını açıkta bırakan, üst bedenini sımsıkı sararken belden aşağıya özgürce dökülen, açık yeşil şifon elbisesini giyecek.
Ayağında yüksek ökçeli terlikler, abartısız bir makyaj, birkaç fırça darbesiyle taranmış doğal saçlar..."

Piraye

Diyarbakır...
Dar bir eşikten geçip geldim sana. Huzurundayım. Hoşgörü kapını açık tut.
Bil ki direnmem sana değildi. Altın tepside sunulan acı şerbetti beni ürküten.

Türkiye Benimle Gurur Duyuyor!

Canan Tan, kadının espri yeteneğinin tartışıldığı ülkemizde, yine bir mizah öyküsü kitabıyla karşımızda...
Üstelik bu kez, tüm öykü kahramanları kadın!
"Ah Bir Erkek Olsam!" diye iç çekenler...
"Kocam Bir Dolandırıcı!" diye haykıranlar...
Öbür dünyaya göç etmiş kaynanasına mektup yazanlar...
Neler yok ki!

Söylenmemiş Şarkılar

Kördü kadın, göremedi.
Beriki dilsiz! Dillendiremedi yüreğindeki talanı...
İkisi... El ele... Göremediklerini, dillendiremediklerini sonsuza dek suskunluğa mahkûm ettiler.

Geriye yalnızca, SÖYLENMEMİŞ ŞARKILAR'ı kaldı...

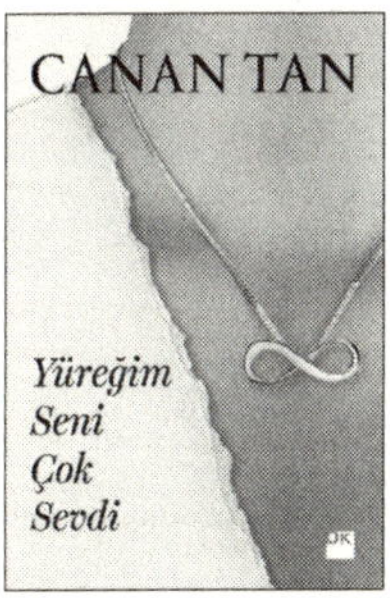

Yüreğim Seni Çok Sevdi

Aslı ile Murat'ın İstanbul-Bursa-Amerika üçgeninde yaşadıkları destansı aşkın öyküsü.
Herkesin kendinden bir şeyler bulabileceği kadar gerçek...

En Son Yürekler Ölür

Canan Tan bu kez, *aşk*'ın yanı sıra, ağırlıklı olarak *organ nakli* konusuna dokunduruyor kalemini.
Yaşamla ölümün kıyasıya savaştığı yol ayrımında geçen çarpıcı bir öykü. Yanı başınızda yaşanıyormuşçasına gerçek...

Eroinle Dans

Eroin sözcüğü kimseyi ürkütmesin. Madde bağımlılığının 12 yaşına indiği ülkemizde, başımızı kuma gömmeden gerçekleri irdelemek zorundayız.
Eroinle Dans, uyuşturucu ve eroin konusunda Türkiye'de yazılmış ilk ve tek roman.

Aşkın Sanal Halleri

"Var mıydın gerçekten?
Gözlerimiz buluşmadan, ellerimiz birbirine değmeden, yalnızca yüreklerimizle, doludizgin bir aşkı seninle paylaştık mı biz?
Yoksa... acımasız bir aldatmaca mıydı yaşadıklarımız?
Kimdin sen?"

Issız Erkekler Korosu

Âdemoğlu Pansiyon'da bir fasıl gecesi...
Oradakilerin hepsi erkek!
Ezilen, horlanan, acı çeken, ağlayan, üşüyen, hatta dayak yiyen erkekler onlar.
Her birinin ayrı bir hikâyesi, o hikâyenin içine nakşolmuş ayrı bir şarkısı var.

İz

Ne oldu da ayrıldı ellerimiz baba?
Hiçbir zaman soramadım bunu sana. Sormak istediğimde fırsat olmadı, fırsat olduğunda cesaretim...

Yakın çevremizde benzerlerini görebileceğimiz gerçeklikte bir baba-kız öyküsü.

Hasret

Hasret, mübadele öncesinde başlayıp hasretle sonuçlanan derin bir aşkı ve ayrılığı anlatıyor.
HASRET mi, ÖLÜM mü deseler,
Ölümü seçerdi. Tereddütsüz...
Hiç gözünü kırpmadan.
Ama ona soran olmadı ki...

Pembe ve Yusuf

Ne benim sözüm geçer bu iklimde
Ne de senin
Böyle gelmiş böyle gider
Son söz TÖRE'nin!

Birbirlerine delicesine düşkün iki kardeşin,
Pembe ile Yusuf'un sızılı ve çarpıcı öyküsü.

Ah Benim Karım! Ah Benim Kocam!

Aziz Nesin (1996) ve Rıfat Ilgaz (1997) Gülmece Öykü Ödülleri sahibi olan Canan Tan'dan mizah öyküleri... Canan Tan, evli çiftlere dair çarpıcı tespitleriyle hem güldürüyor, hem de kadınlarla erkeklerin kendilerini sorgulamalarına neden oluyor.

Kelepçe

Yeter, Mimoza, Gonca, Beyza, Sultan, Zeyno, Merve...
Ve diğerleri...
Bir avuç kader mahkûmu kadın!
Her birinin ayrı bir hikâyesi var.
İç burkan, hüzünlü; ama bir o kadar da heyecan verici ve çarpıcı...

Başıbozuk Sevdalar

"Suç bende! / Acılarımı dışa vursam sorun yok. / Ama olabildiğince acılaşmış sözcükleri ortalığa saçacağıma yutuyorum./ Pervasızca zehirliyorlar beni..." diyor Şiir. "Kardeşlik zorunlu arkadaşlık, arkadaşlıksa seçilmiş kardeşliktir" dedirten bir can dost, Eda hep yanında. Bir de Şiir'in hayatına dokunan üç erkek var: Ezel, Baran, Recep.

http://www.facebook.com/canan.tan
http://www.twitter.com/ccanantan